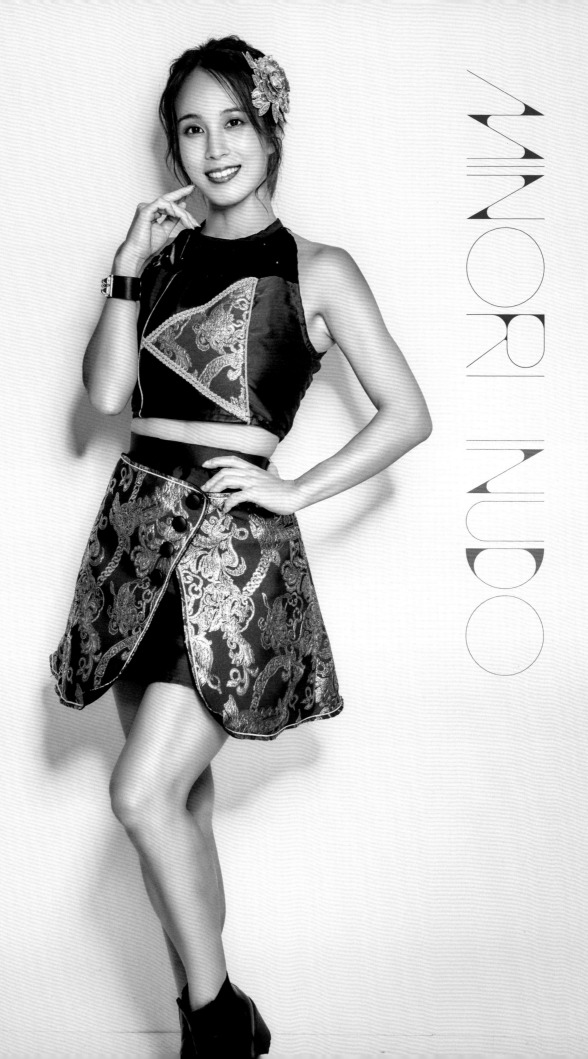

MINORI INUDO

RINA HASHIMOTO

HIKARU AOYAMA

YUKIKO KAWAI

YUKI KIYORA

Crystal Memories

2021年11月12日　初版第一刷発行

Model　シャーベット
Photographer　小野寺廣信（Boulego）
Stylist　岩田友裕
Hair & Make　花房みなみ

衣装協力
fruits de mer

Transworld Japan Inc.
Produce　斉藤弘光
Design　山根悠介
Sales　原田聖也

発行者　佐野 裕
発行所　発行所／トランスワールドジャパン株式会社
　　　　〒150-0001 東京都渋谷区神宮前 6-25-8 神宮前コーポラス
　　　　Tel：03-5778-8599　Fax：03-5778-8590

印刷・製本　株式会社グラフィック

ISBN 978-4-86256-330-9
2021 Printed in Japan
©Transworld Japan Inc.